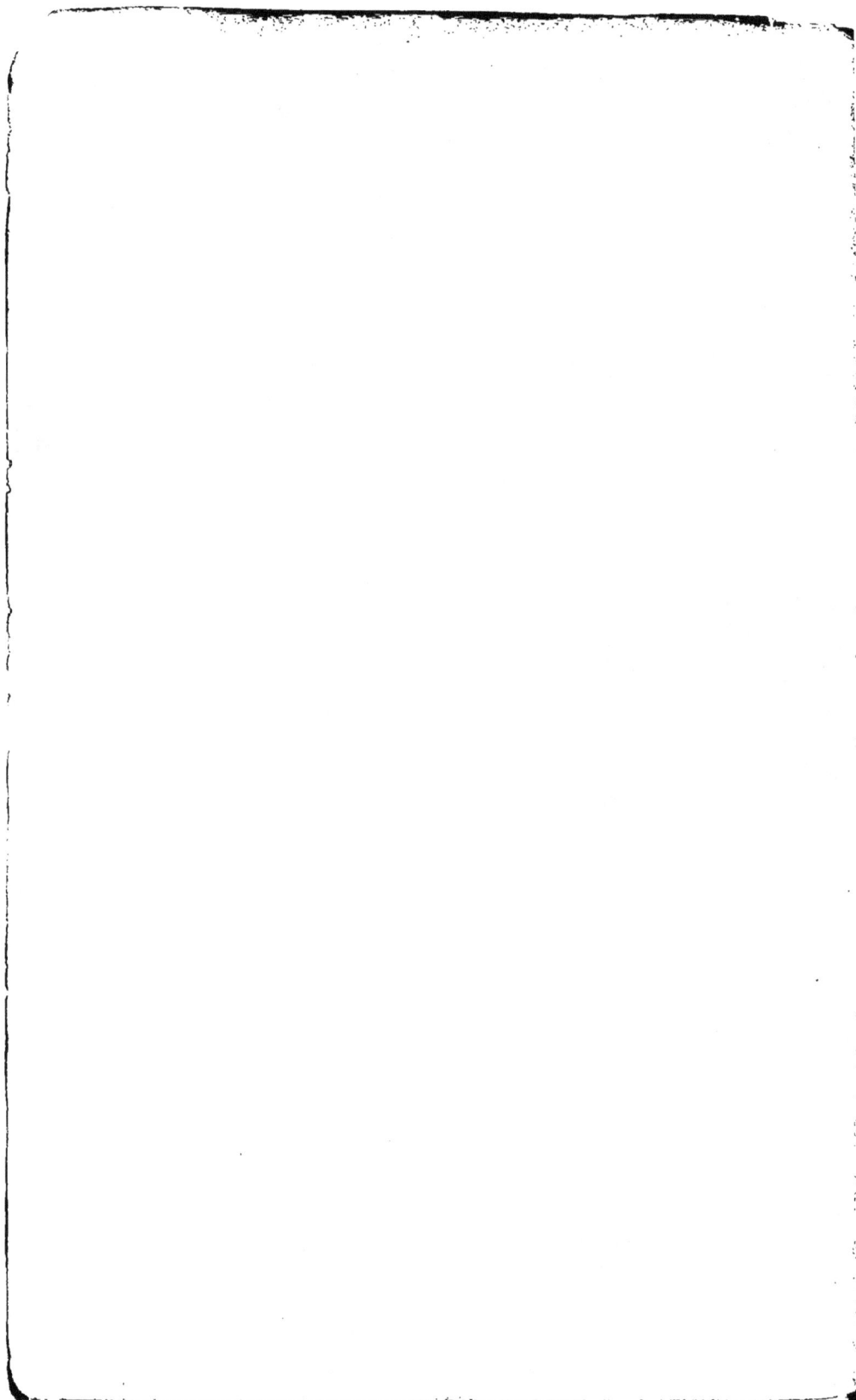

Dupuis, Viro bono.
dicendi necnon edendi perito.
Ciceronis filio.
Luculli et apicii nepoti,
amicus indignus.
J. Forni.
dicavit.

ORIGINES ET HISTOIRE

DE LA CORPORATION

DES

RESTAURATEURS

ET LIMONADIERS

DE PARIS

~~~~~

DISCOURS

Prononcé au banquet du 20 *avril* 1886

PAR

JULES FORNI

AVOCAT A LA COUR D'APPEL

PARIS

LIBRAIRIE DES BIBLIOPHILES

Rue Saint-Honoré, 338

—

M DCCC LXXXVI

ORIGINES ET HISTOIRE

DE LA CORPORATION

DES

RESTAURATEURS ET LIMONADIERS

DE PARIS

L'UNION *syndicale et mutuelle des restaurateurs et limonadiers du département de la Seine avait décidé de fêter le 10ᵉ anniversaire de sa fondation et d'offrir un diplôme d'honneur, comme témoignage d'estime et de gratitude, à ceux des membres de son Comité d'origine qui se trouvent encore en fonctions aujourd'hui : MM. Bignon aîné, officier de la Légion d'honneur, président; Marguery, vice-président; Gauthier-Lathuille, Dauphin, Verrier et Percheron.*

Plus de cent sociétaires ont pris part au banquet donné dans les salons du Grand Véfour. M. Muzet, conseiller municipal, président de l'Union des chambres syndicales, avait la présidence d'honneur, M. Catelain aîné la présidence effective; M. Mazet, président de la Chambre syndicale des entrepreneurs; M. Forni, avocat à la Cour d'appel et conseil de la Société; M. Meunier, juge au Tribunal de commerce; divers présidents de Chambres syndicales du groupe de l'alimentation avaient été invités.

Au dessert, après la distribution des brevets, plusieurs discours ont été prononcés et salués par les applaudissements des convives.

M. Forni s'est exprimé en ces termes :

Messieurs,

Les orateurs qui m'ont précédé ont tous déclaré, en commençant, qu'ils étaient émus. Je ne puis pas tenir le même langage. Ému, je ne le suis pas et n'aurais point raison de l'être ; mais je suis charmé d'avoir été invité à ce banquet, et, puisque j'ai l'honneur d'être l'avocat de votre belle compagnie, je vous demande la permission de porter une santé à mon tour. Après avoir bu cordialement aux héros de cette fête, nous avons bu au présent et à l'avenir de l'Union syndicale. Je vous proposerai, moi, de boire à son passé.

Vous êtes-vous parfois demandé, Messieurs, quelle avait été la genèse de vos corporations et à quelles origines elles se rattachaient dans l'histoire ? Oh ! soyez tranquilles, je ne prétends pas remonter, comme l'avocat des *Plaideurs*, à la naissance du monde, pas même au déluge, bien que le souvenir du bonhomme Noé ne soit pas déplacé dans un banquet. Je ne veux rien dire de l'antiquité, de Balthazar, de Sardanapale, des douze maîtres d'hôtel du roi Salomon qui justifiait bien son surnom de Sage. Je laisse de côté les sept grands cuisiniers de la Grèce aussi admirés que ses sept philosophes. Je passe les Romains, sans même parler de Lucullus, dont j'aperçois d'ici l'image et chez qui nous semblons dîner aujourd'hui. J'arrive tout de suite à notre pays et à notre temps, et je rappelle aussitôt que, pour vous comme pour les autres membres de ce groupe professionnel qu'on appelait tout à l'heure le groupe de l'alimentation, le premier titre d'existence corporative date du roi saint Louis.

C'est vers 1268, en effet, qu'un prévôt de Paris, dont la statue est à l'Hôtel de ville, Étienne Boileau, entreprit de ranger par corps ou communautés les marchands et artisans, et c'est dans son fameux *Registre des métiers* qu'apparaissent pour la première fois, à côté de celles des cervoisiers, des regrattiers, des poulaillers, des poissonniers, des oubliers, les deux corporations qui peuvent aujourd'hui être considérées comme les ancêtres des vôtres : celle des taverniers et celle des cuisiniers-oyers rôtisseurs.

N ne connaissait guère alors, en fait de boissons, que le cidre et le vin vermeil. Dans les jours de fête on allait jusqu'au miellé ou clairet, et c'était un événement lorsque les bateaux de Seine, les naulées, débarquaient au port de Grève des tonneaux de vins étrangers, le garnache, le bastart, le muscadet, le malvoisie. Les taverniers vendaient le vin au détail, ou, comme on disait, à la broche.

Les premiers statuts des taverniers sont assez brefs. On leur enjoignait de vendre à loyale mesure. Un peu plus tard, — vous allez voir que rien n'est nouveau sous le soleil, — on leur recommandait de ne faire mélanges ou artifices. Le laboratoire municipal n'était, d'ailleurs, pas encore inventé.

Le roi Jean le Bon se montra plus sévère encore pour certains détails. Ils reçurent défense, par l'ordonnance de 1350, d'attribuer à leurs vins d'autres provenances que les provenances réelles; et celle de 1371 autorisait même les buveurs méfiants à descendre à la cave et à voir tirer le vin du tonneau, à peine, pour le débitant qui s'opposerait à cette indiscrétion, de quatre livres parisis d'amende.

Ces pauvres taverniers, Messieurs, devaient, au surplus, être assez embarrassés pour obéir à toutes les prescriptions de police. Figurez-vous qu'on leur défendait de recevoir des filles faisant péchés, — comme s'il était si facile de distinguer celles-là des autres! et de tolérer dans leurs établissements les dés, les cartes, voire le jeu de quilles! — On ne parlait pas encore, en ce temps-là, du national et de la baraque.

Mais la particularité la plus curieuse que j'aie rencontrée dans la profession des taverniers d'autrefois, c'est bien le concours singulier que les crieurs prêtaient à leur commerce.

Le Paris du moyen âge, vous le savez, ne ressemblait guère à notre Paris actuel. Les rues étaient étroites, tortueuses, sombres. Quelques tavernes avaient une image ou une enseigne de fer forgé, la plupart se contentaient d'un bouchon ou branche d'arbuste. Pas d'affiche, de prospectus, de réclames, et les journaux n'étaient pas inventés. En dehors de la clientèle du pas de porte, comment signaler son commerce et ses mises en vente? Dans presque tous les métiers on avait recours à des crieurs-jurés. Les taverniers avaient leurs crieurs qui se tenaient devant la boutique ou se

promenaient dans les carrefours voisins, annon-
çant le bon vin du patron, et, un broc d'une
main, une écuelle de l'autre, offrant aux passants
ce que nous appellerions la dégustation. C'était
assez primitif, n'est-ce pas? mais voyez avec quelle
ingéniosité le fisc a toujours su saisir les occasions
et profiter des circonstances. La prévôté, qui per-
cevait un impôt sur le débit du vin, s'avisa de pen-
ser qu'elle avait là, sous la main, des employés
d'octroi tout trouvés, et la voilà qui convertit in-
sensiblement les crieurs de vin en agents de per-
ception chargés de constater dans chaque taverne
la mise en perce et les droits à toucher d'après le
débit. Notez qu'avec ce système ingénieux ces
préposés ne lui coûtaient pas un sou; ils étaient
payés par le tavernier, c'est-à-dire par l'assujetti
lui-même.

C'était un comble.

Les pauvres taverniers gémirent, réclamèrent,
supplièrent. On ne les écouta pas. L'autorité autrefois était un peu dure d'oreille. Si j'en crois
les intéressants rapports de votre secrétaire,
M. Lévy-Maurice, aujourd'hui encore elle serait
sujette par moments à cette petite infirmité.

UANT à la corporation des cuisiniers-oyers-rôtisseurs, elle était plus importante et d'un art plus relevé. La rue aux Oues, ou rue aux Oies, dont on a altéré le nom en l'appelant rue aux Ours, était déjà admirée sous saint Louis pour ses établissements culinaires, et les rôtisseries de la rue de la Harpe devaient, un peu plus tard, être considérées par un légat du pape, qui s'y connaissait, comme une huitième merveille.

Aux termes des premiers règlements, il était défendu aux cuisiniers tenant fenêtre ou étal de blâmer les viandes de leurs voisins, de détourner leurs chalands, de débaucher leurs valets, à peine de dix sous d'amende, dont six pour le roi et quatre pour les maîtres de la corporation.

En 1599, Henri IV les érigea en nouvelle communauté sous le nom de maîtres queux, cuisiniers porte-chape de la ville et faubourgs de Paris. Il aurait bien dû profiter de l'occasion pour réaliser son projet de la poule au pot.

Peu après, le terme de traiteur remplaça celui de porte-chape. Comme le porte-chape, le traileur portait en ville, mais ne donnait pas à manger dans son établissement. Les hôteliers et cabaretiers servaient seuls avec — c'est le mot du règlement et des édits — avec nappes et assiettes.

C'est seulement au XVIIIᵉ siècle que le nom de restaurateur fit à son tour une entrée triomphale dans le monde.

Vous savez d'où il vient.

Boulanger, un maître d'hôtel qui florissait vers 1766 et qui n'était pas un sot (il n'y en a guère dans le métier), imagina, pour attirer l'attention des badauds, d'écrire sur son enseigne, en travestissant à son usage un verset de la Bible : « Venez à moi, vous tous qui avez faim, et je vous restaurerai. *Venite ad me, omnes qui stomacho laboratis, et ego restaurabo vos.* » C'était une manière comme une autre d'accommoder les restes de l'Évangile. Son jeu de mots eut d'abord du succès, puis sa cuisine. Peu de chose suffit parfois, à Paris, pour donner la vogue. Ceux des traiteurs qui, contrairement à l'ancien usage, tenaient chez eux table ouverte, comme Boulanger, s'emparèrent du titre de restaurateur qu'on lui donnait. Le restaurant moderne était fondé.

MAIS, direz-vous, Messieurs, et les limonadiers ? Vos applaudissements m'ont
prouvé que je ne lasse pas votre bien-
veillante attention, et il faut bien que j'en parle à
leur tour.

J'émettais tout à l'heure l'opinion qu'ils ont
pour ancêtres professionnels les taverniers de
1268 ; mais, à regarder de près, ce n'est peut-
être pas exact. Ils en descendent, si vous voulez,
mais (comment dirai-je ?) en ligne collatérale.
Leurs pères véritables seraient bien plutôt, — je
vais vous étonner, — les marchands de vinaigre.

Vous riez. Je ne plaisante pas.

Suivez la filiation, je vous prie.

Les vinaigriers furent les premiers qui débitè-
rent des liqueurs dans Paris. Ils avaient com-
mencé modestement par l'eau-de-vie quand l'usage
s'en était répandu et s'étaient intitulés alors maîtres vinaigriers-distillateurs. Ils continuèrent par
d'autres liqueurs ayant l'alcool pour base, et no-
tamment par d'excellentes cerises à l'eau-de-vie
qu'ils débitaient dans de petits verres ou de petites
tasses.

Mais le choix de ces liqueurs était fort restreint.

Un événement royal vint à propos révolutionner l'art des boissons, et, à côté de celles des taverniers et des vinaigriers, créer une industrie nouvelle.

François 1er avait marié son fils avec Catherine de Médicis. La foule de seigneurs et d'aventuriers qui suivirent à Paris la jeune princesse florentine apportèrent chez nous l'usage de ces rafraîchissements italiens qui nous étaient encore, pour la plupart, inconnus, et dont la recette remontait à l'ancienne Rome. A côté de la Renaissance des lettres et des arts, ce fut là comme une petite Renaissance gastronomique. Sorbets, glaces, orangeades, limonades, rossolis, sirops, anisette, furent mis à la mode par la cour. La limonade surtout prit faveur; elle devint peu à peu une boisson commune; on finit par aller à la limonade comme on alla ensuite au café. Et ceux qui l'offraient au public furent appelés *limonadiers*.

Les limonadiers n'eurent pas cependant, jusqu'en 1673, d'existence corporative distincte. Cette année-là, le roi Louis XIV, qui avait besoin d'argent pour sa cassette particulière, — cela arrive à tout le monde, même aux rois, — profita du succès de la limonade pour créer de nouvelles maîtrises, et, par là même, de nouvelles recettes, puisqu'il les faisait acheter assez cher. Il ordonna donc que toutes les professions qui s'exerçaient en dehors des traiteurs et des taverniers, et qui avaient pour objet la vente des boissons italiennes, seraient érigées désormais en communauté particulière, et, trois ans après cet édit, fut officiellement fondée la corporation des maîtres limonadiers et marchands d'eau-de-vie de Paris.

Voilà bien, je crois, Messieurs, vos origines historiques établies.

Ces deux grandes corporations des restaurateurs et des limonadiers n'avaient pas d'ailleurs l'existence commode. Comme les autres maîtrises et jurandes, elles étaient fondées sur ce principe détestable de l'ancien régime, que le droit de travailler émane du roi et que le roi peut le vendre. Bénéficiaires d'un monopole acquis à prix d'argent, elles étaient fatalement condamnées à lutter chaque jour, soit pour défendre leurs propres abus, soit pour attaquer ceux des autres communautés concurrentes, tour à tour opprimées ou oppressives. Jusqu'en 1789, que de guerres intestines rien que dans le groupe de l'alimentation! Vous comprenez, Messieurs, que dans chaque corps de métier les jurés tenaient à se montrer vigilants et à ne pas laisser porter atteinte à leurs privilèges. Que de procès! que de chicanes! que de papier noirci par les procureurs!

Procès entre les cuisiniers et les charcutiers à propos de certaines viandes.

Procès entre les cuisiniers et les pâtissiers au sujet de l'emploi du gibier et de la volaille.

Procès entre les cuisiniers et les moutardiers pour je ne sais quelles sauces.

Procès entre les traiteurs et les rôtisseurs sur le droit de préparer des noces et festins.

Procès entre les pâtissiers et les boulangers, parce que ces derniers osaient offrir à leurs pratiques le gâteau des Rois!...

Les registres du Parlement sont bourrés d'arrêts plus substantiels les uns que les autres. On signale un procès fameux entre les poulaillers et les rôtisseurs qui a duré cent dix-sept ans!

Ah! par exemple, les limonadiers, eux, se sont montrés des procéduriers de premier ordre. J'ai constaté qu'ils gagnaient presque toutes leurs causes. Ils ont triomphé des vinaigriers, qu'ils plaisantaient encore en les appelant ironiquement limonadiers de la Passion. Ils ont même battu à plate couture les apothicaires.

Mais la Révolution survint et, réalisant le

projet de Turgot, avorté en 1776, proclama la liberté du travail et balaya les maîtrises et jurandes. Celles des restaurateurs et des limonadiers disparurent avec les autres.

C'EST d'ailleurs de cette époque, Messieurs, ne vous y trompez pas, que date vraiment la splendeur de nos établissements parisiens, si florissants déjà dans la seconde moitié du XVIIIe siècle. En même temps que le désir du bien-être commençait à se répandre davantage, la science des ci-devant maîtres d'hôtel et des chefs des maisons princières, mise désormais au service du public, donna aux cafés et aux restaurants parisiens un éclat particulier et une faveur nouvelle. De tous côtés se fondèrent ou s'affermirent ces maisons que vous connaissez bien, et qui ont établi dans tout l'univers le renom de nos élégances et la supériorité de notre cuisine. L'honneur de vos corporations s'en est accru. Quoi d'étonnant? Ne sont-elles pas essentiellement françaises? Ne jouez-vous pas un rôle intéressant dans la civilisation moderne? Depuis un siècle et plus, l'histoire de vos établissements n'est-elle pas liée intimement à l'histoire intellectuelle et politique de la patrie? Que d'hommes et que d'événements illustres autour de vos tables, grandes ou petites! Et puis, pour parler spéciale- ment des intérêts de l'industrie parisienne, toutes les autres corporations ne vous sont-elles pas quelque peu redevables? N'est-ce pas vous qui attirez et retenez les riches étrangers dans la ca- pitale élégante du monde?

Vous avez bien fait, Messieurs, de vous unir pour la défense légitime de vos intérêts profes- sionnels, et lorsqu'un des vôtres a été nommé récemment juge au tribunal de commerce, comme on le rappelait avec à-propos tout à l'heure, vous avez pu constater déjà que, grâce à cette union, votre corporation reprenait le rang qu'elle n'aurait jamais dû perdre.

Après la Révolution, en haine des anciennes maîtrises et jurandes, on avait semblé proscrire l'esprit corporatif. Quel grand tort! Pouvait-on bien confondre ainsi l'abus et la chose! Heu- reusement le principe de l'association profession- nelle ne devait pas tarder à revivre, compris dans son vrai sens et dégagé de l'alliage des réglemen- tations iniques. Peu à peu des syndicats se fon- dèrent et se développèrent sans bruit. Dès 1811 se formait le groupe de la Sainte-Chapelle; en 1858, celui de la rue de Lancry, auquel M. Muzet, que je suis heureux de voir en face de moi, a donné,

ces dernières années, une impulsion si vigou-
reuse; en 1867, celui du Comité central, et, quand
la loi de 1884 a été promulguée, on comptait
dans Paris plus de quatre cents chambres syndicales, patronales ou ouvrières.

Peut-être la vôtre est-elle venue un peu tard,
Messieurs, mais enfin elle est venue à son heure,
et la fortune lui a souri tout de suite. Grâce à ces
hommes distingués que vous avez placés à votre
tête, grâce au dévouement de plusieurs et à la
persévérance de tous, votre Union syndicale a
vécu, marché, progressé. Elle a dix ans. C'est déjà
une grande fille. Elle fait aujourd'hui sa première
communion.

J'ai rappelé ses origines, et maintenant, pour
terminer, je lève mon verre en son honneur.

Il y a cent ans, un de vos Classiques, dont le
buste ne serait pas déplacé entre ceux de Lucullus et d'Apicius qui ornent cette salle, plaidait le
mur mitoyen et les affaires avant d'écrire son petit
chef-d'œuvre de la *Physiologie du goût*. Il ne
m'appartient pas d'évoquer le souvenir du gastro-
nome, mais je puis bien rappeler celui de l'avocat.
Je me place sous ce patronage commun, et je
bois, comme Brillat-Savarin aurait bu lui-même,
à la prospérité de l'Union syndicale et mutuelle
des restaurateurs et limonadiers de Paris.

Au milieu d'applaudissements répétés, l'assemblée émet le vœu que cette allocution soit recueillie, et publiée dans le prochain Annuaire.

A PARIS

DES PRESSES DE JOUAUST ET SIGAUX

Rue Saint-Honoré, 338

M DCCC LXXXVI

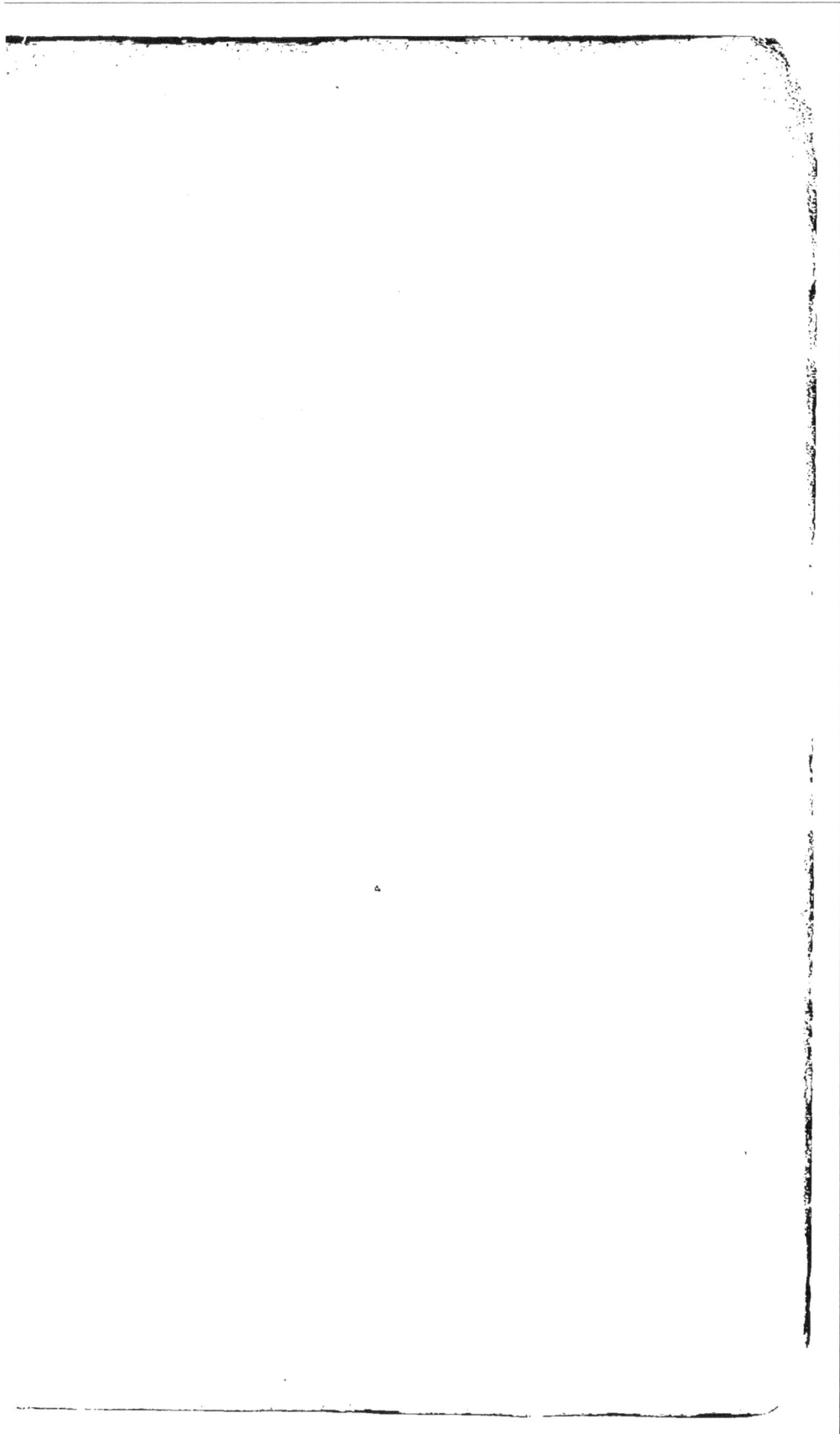

LITTÉRATURE CONTEMPORAINE

Volumes in-18 jésus

SAINT-RENÉ TAILLANDIER. — Drames et Romans de la vie littéraire. 1 vol.

JULES JANIN. — L'Ane mort. 1 vol. — Mélanges et Variétés. 2 vol. — Contes et Nouvelles. 2 vol. — Critique dramatique. 4 vol. — Correspondance. 1 vol. — Barnave. 2 vol. — Horace, traduction. 2 vol. — Deburau. 1 vol. — Petits Romans. 1 vol. — Petits Mélanges. 1 vol. — Petits Contes. 1 vol. — Petite Critique 1 vol. — Petits Souvenirs. 1 vol. — Chaque vol. 3 50

> Il a été fait des œuvres de J. Janin un tirage d'amateurs de 300 exempl. sur pap. de Hollande, à 7 fr. 50 le vol., et de 25 Chine et 25 Whatman, à 15 fr., avec une *eau-forte* d'Hédouin pour les 14 premiers vol., et de Lalauze pour les suivants.

PAUL DE MOLÈNES. — Histoires et Récits militaires. 1 vol. — Voyages et Pensées militaires. 1 vol. — Mélanges. 1 vol. — Aventures du temps passé. 1 vol. — Chaque volume. . 4 fr.

Sous presse : *Commentaires d'un soldat.* 1 vol. — *Caprices d'un régulier.* 1 vol.

> Il est fait de chaque vol. un tirage d'amateurs de 300 exempl. sur pap. de Hollande, à 7 fr. 50, et de 25 Chine et 25 Whatman, à 15 fr., avec une *eau-forte* d'Armand-Dumarescq.

CAMILLE DELAVILLE. — La Femme jaune. 1 vol. . . . 3 50
J. VILMAIN. — Mari ou Père. 1 vol. . . . . 3 fr.

CURIOSITÉS HISTORIQUES ET LITTÉRAIRES. Gr. in-18.

(Exempl. sur pap. de Hollande, sur Chine et sur Whatman.)

Les Almanachs de la Révolution, par J. Welschinger. 1 v. 4 fr.
Voyages de Piron à Beaune, pub. par H. Bonhomme. 1 v. 3 50
Parades inédites de Gueullette, pub. par Ch. Gueullette. 4 50
Madame de Genlis, étude historique par H. Bonhomme. 3 fr.
Lettres d'amour d'Henri IV, pub. par M. de Lescure. 4 fr.
Le Régiment de la Calotte, par L. Hennet. . . . . . 5 fr.

2124. — Imprimerie Jouaust et Sigaux, rue Saint-Honoré, 338.